カラー版

世界の本屋さん図鑑

45カ国・50書店の横顔見て歩き

能勢　仁 著

カラー版『世界の本屋さん図鑑』はしがき

　日本の国内出版市場は縮小の一途をたどっています。電子出版、オンデマンド出版の加速にアマゾンの流通力が追い打ちを掛け、「書店店頭に活性化を求める」ことのむずかしさを感じます。業界の中枢であった取次にも大異変がありました。2016年は取次受難の年でした。世界に例のない「優れた出版取次流通機構」は、日本の誇りでもありました。

　筆者が海外出版事情を知ろうと思い、本格的に海外の書店を意識するようになったのは1995年頃からです。それ以前にも海外流通市場を知りたくて1960年代後半からアメリカ、ヨーロッパに出かけて行きました。大規模量販店、ショッピングセンター、百貨店、専門店を見てまわりました。海外流通セミナーに参加して、海外市場を見て圧倒されたものでした。社会インフラの違いを見せ付けられたからです。書店に関しては、街を歩いていて書店を発見しては見学し、質問する程度でした。

　まだ日本はモータリゼーション以前だったので、書店業界は活発ではありませんでした。やがて郊外書店台頭に刺激され、書店革命が起こりました。立地、店舗規模、駐車場、扱い商品、営業時間、陳列方法、人事管理など書店事情は一変しました。中でもＰＯＳレジの導入、レンタル営業は画期的でした。

　この実態はアメリカではすでに当たり前でした。この時期から筆者はアメリカを意識し、アメリカで行われているブックフェアと書店を見学するようになりました。西海岸のロサンゼルス、サンフランシスコを見学し、東海岸に移動してニューヨーク、ワシントン、シカゴ等の市場調査や見学、勉強会もしました。1980年代、フランクフルトブックフェアに毎年足を運びました。ヨーロッパで開催されるブックフェアに参加、ロンドン、パリ、モスクワ、ボローニアなどを見学しその国を代表する書店、チェーン店の存在を知りました。流通面ではアメリカが一歩先を行っていましたが、出版文化ではヨーロッパの書店の凄さに感動しました。

　アジアの北京や台北ブックフェアには、取次主催のツアーで10回以上は参加しました。アスキー時代に北京、台北、ソウルのブックフェア会場に出展者として参加していました。2000年以降、ラオス、ベトナム、タイ、カンボジア、インド、スリランカ、インドネシアなど訪問し、主要書店、版元、図書館を訪れました。

縁あってジュンク堂書店発行の月刊書評誌『書標《ほんのしるべ》』の表紙を飾るようになりました。この間に48カ国を歴訪、700書店は見ました。本書には45カ国・50書店が収められています。

　現在、日本の出版界は閉塞的状況にあります。しかし日本で売れた本が海外でも売れる現象が、出版界の話題になっています。コンテンツの豊富な日本の出版界は、今こそ海外市場に目を向け、働きかける必要があると考えます。本書が各国流通事情を知る一助となれば幸いです。

　本書発行に当たり、『書標』編集者の中村直子さん、出版メディアパルの下村昭夫さんにお世話になりました。本書誕生の生みの親として感謝申し上げます。素敵な本に仕上げていただいた荒瀬光治さんにも感謝申し上げます。

2016年7月　吉日

能勢　仁

カラー版『世界の本屋さん図鑑』目次

第1章 ヨーロッパ・アメリカの本屋さん図鑑

第1章

ヨーロッパ・アメリカの本屋さん図鑑

1

フィンランド

ヘルシンキ

アカテーミネン書店

ヘルシンキ一番のデパート、ストックマンの隣にあるのがアカテーミネン書店である。

世界的に有名な建築家アールドの作品の店である。建物を見るだけで楽しい書店である。地下一階、地上三階の大書店である。二、三階は吹きぬけで、一階に太陽光が差し込む温かみのある売場である。一階中央の一等地に15坪くらいの広場がある。四角い広場にソファー、ベンチが置かれ、多くの人が休み、読書し、談笑している風景に、余裕の民族性を感じてしまう。

建築に負けず商品も素晴らしい。一階は新刊、文芸、ペーパーバックス、ミステリー、コミック、ＭＡＮＧＡ（漫画）、子ども本である。漫画は今や世界語である。幼児コミックが漫画で、コミックは年長者対象である。

一階には五か所のレジとレファレンスがある。一階左翼に100坪の雑誌、新聞売場があった。日本の新聞は無かった。二階の突き当たり奥はアルトという喫茶室があった。このティールームの家具が北欧家具で、デザイン、色調が素晴らしかった。教育国にふさわしく、二階に教科書売場40坪があった。

ＯＥＣＤ（経済協力開発機構）による学習到達度調査で、学力世界一のフィンランドらしく、小学生教科書、問題集が売場の半分を占めていた。

二階の地図売場で、京都、東京の地図を発見した。22ユーロと15ユーロであった。地下売場は文具の総合展示で、銀座の伊東屋を感じさせた。

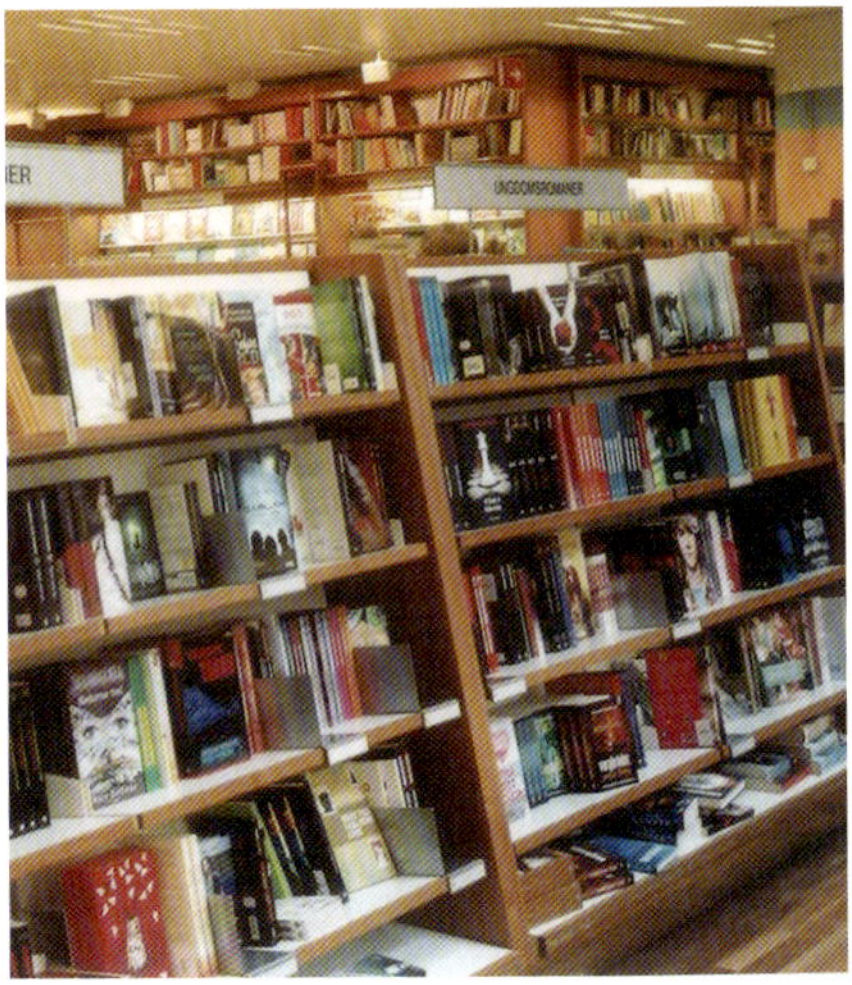

2

ノルウェー

オスロ

ターナム書店

オスロには三つの有名書店がある。ターナム（総合）、ノリク（学術書）、アルク（ペーパーバック・文芸書）とそれぞれ特色を発揮している、ここではターナム書店を紹介したい。

ターナム書店はチェーン店が12店ある。今回は本店であるカールヨハン通り店を見てみよう。この通りはオスロを代表する繁華な通りで、オスロセントラル駅から真っ直ぐ東に延びる宮殿までの１３００ｍの通りである。

ターナム書店はその中心のパレーショッピングセンターの一角にあり、路面店なのでわかりよい。店奥は専門書、医学書売場であるが、その途中に児童書売場に行け

る階段がある。その売場にはおもちゃ、ぬいぐるみ、ジグソー、ゲームなどのグッズが多い。本の陳列は5歳以前、5歳以上、9歳以上に分けて陳列されているので、親は本を選びやすい。この店は文具も充実している。別売場で、製本工房（ブックバインディングハウス）がある。つまり、「本を作ってみませんか」の文具店である。

この書店の見せ場はカーブした文芸書陳列である。カーブした棚陳列はターナム書店の風格を感じさせる。

ターナム書店発行のコーナーもよい。ノルウェーと書かれた日本文字も印象的である。なんといってもバイキングがこの書店、この国の売り物だと思った。バイキングの末裔であることを、国民も、国家も誇りに思っていることを強く感じた。

アカデミー書店

この書店の創業は1992年、国内に66店舗をもつ。ストックホルムといえばノーベル賞授与の都市である。街全体がアカデミックな感じがする。アカデミー書店はまさにその象徴で医学、理工学、人文・社会科学、芸術、文学、文芸などを主力にした300坪（一階、地下）の総合書店である。スウェーデンには入学試験や宿題がなく、年間の45%が休暇なので、学習で夢中になる日本とは風土が異なる。従ってスウェーデンの書店には学参コーナーはない。

この書店で児童書を見ることも出来なかった。子どもの本は、道をはさんで筋向いのスウェーデンハウスの二階に児童書専門店、約30坪の店がある。担当者は若いお嬢さん三人であった。アカデミー書店は雑誌も販売していない。しかし店の前のセルゲル広場前にインタープレス雑誌・新聞専門店がある。40坪の広い売場で書籍店のようである。

国際雑誌販売店で、米英独仏露伊西などの雑誌58誌が並んでいた。もちろん、自国の雑誌500誌以上が陳列さ

れていた。自動車誌が一番多かったが、建築、デザイン誌も圧巻であった。日本誌は無かったが「日本経済新聞」はあった。

アカデミー書店は周辺に関連書店があり、便利である。しかも立地は市内一等地といってよい。市民が一番集まるセルゲル広場の前にあるからである。この書店でおやっと思ったことがある。入口と出口が違う点である。レジで精算を済ませると、その前に包装台があり、セルフでビニール袋に入れて出店する仕組みになっている。この書店はインテリの多く集まる書店である。一人の買い上げ冊数の多いことに驚いた。目的買いの読者が多いからであろう。

スウェーデンは非再販国である。平台に陳列された本の表紙にプライスカードが貼られてあり、定価に×印がされ、販売価格が大きく表示されていた。

4

デンマーク

コペンハーゲン

クレインズ書店

コペンハーゲンの南部にベルムランド通りがある。その一角にあるのがクレインズ書店である。石造りの堅牢な建物の外観である。

店内はフローリングの落ち着いた店である。創業は1888年である。この店の特色は、子どもの本売場である。アンデルセンの国だと思った。ぬいぐるみが無造作に置かれ、この風景が自

然であり、この店に相応《ふさわ》しかった。
子どもの本の隣に料理書、生活書が陳列されているのは日本と同じである。約80坪の店で、一辺は文芸書売場、もう一辺は実用書、子どもの本、文具売場である。
文具売場の半分は紙文具である。日本でいう和紙文具、紙工芸品のデンマーク版である。中でもラッピングペーパーの豊富なことには驚いた。この書店はギフトブックに熱心で、レジにはギフト包装紙とカラフルなリボンが九種類用意され、お客様が選べるようになっていた。

アポロ書店

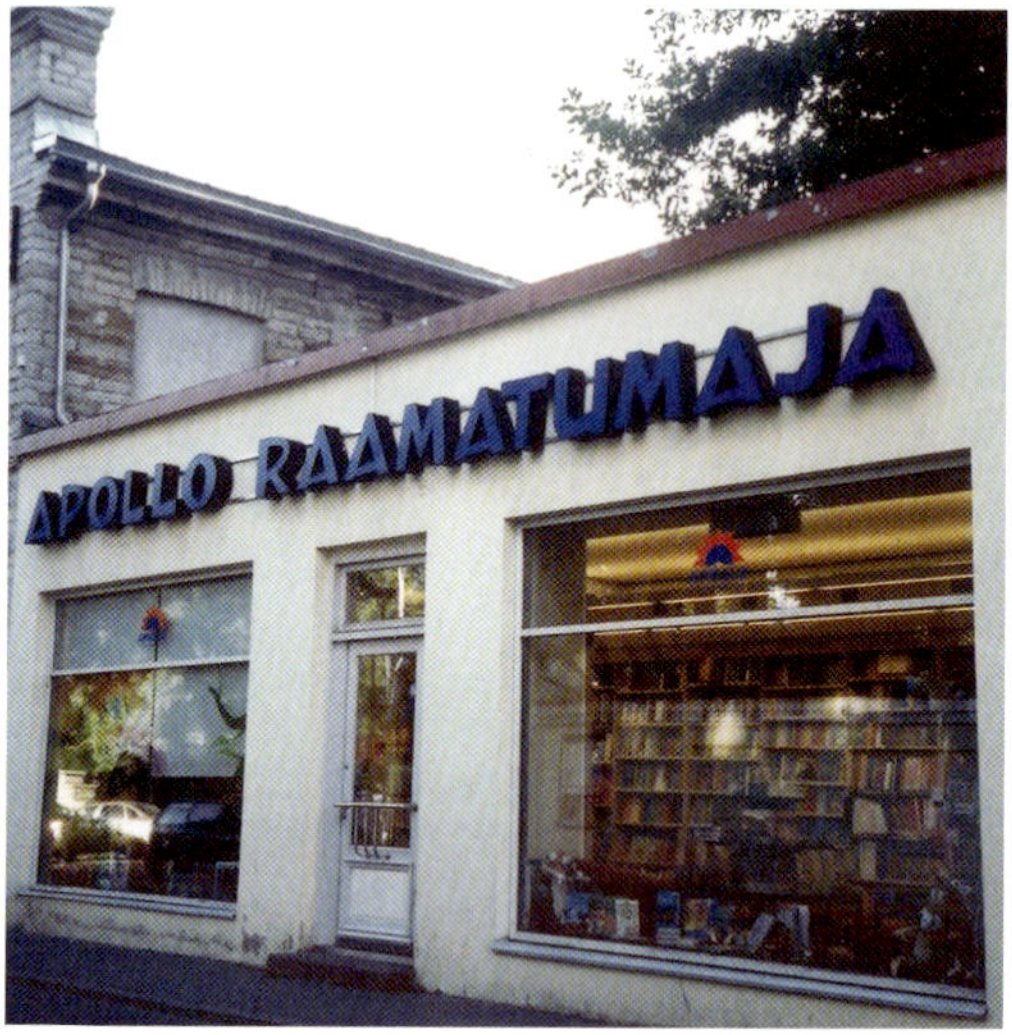

エストニア（人口135万人、面積北海道の60％）、首都タリン（同39万人）である。バルト三国で一番北に位置する。タリンにはアポロ書店とラフヴァラーストゥ書店の立派な書店がある。

アポロ書店は、市内繁華街のビル通りにある。最高の立地にあるタリンを代表する書店である。タリンはサンクトペテルブルグから列車で3時間の場所にある。ロシア支配が長かったので、店内にその余韻を残している。

店舗は一、二階、喫茶で220坪程度である。一階のペーパーバックスの小説類、二階の実用書にはロシア語コーナーがあり、さながらロシアのドムクニーギ書店そっくりであった。雑誌はキオスクかスーパーで売られるのが主流であるが、アポロ書店は一階壁面12段に220誌をしっかり売っていた。一階はL字型で、短い部分は文具と子どもの本売場であった。ぬいぐるみ、おもちゃを使った演出で売場を引き立たせていた。

一階中央の絵葉書、エストニア写真集、ガイドブックコーナーは旅行者を離さない売場であった。二階は実用書売場と専門書売場である。料理書の平台、棚の面展示は素晴らしかった。二階の奥はデラックス喫茶室であった。本の選択、購入で疲れた人が憩うに相応《ふさわ》しい雰囲気であった。

6

リトアニア

ビリニュス

ペガサス書店

中世の街が生き残っているのが、リトアニアの首都ビリニュス（54万人）である。教会の町といわれるだけあって、40の教会があった。昔は200あったとか。街を代表する書店ペガサス書店グループとベガ書店グループがあった。ここでは前者のペガサス書店を紹介したい。

創業者のジョウザス・マシリス氏は1864年にビリニュスで生まれ、1940年に没している。従って、ペガサス書店は百年以上の老舗である。本店は、市民人気のマーケット・ハレス市場の前にあるから、超一等の立地である。

店内は三つのパーツに分かれていた。店頭パーツは薬売場、新刊書、文具売場、中程パーツは歴史、コンピュータ、経済など専門書売場、奥のパーツは参考書と子どもの本売場である。薬の販売免許を持つ書店は、ヨーロッパには多い。この店はワンフロア約70坪くらいである。

市内にこの他、ピリエス店（画集中心）、ＭＡＸＩＭＡ店（建築、デザイン、人文書中心）があった。

バルターズ・アン・ラパ書店

ラトビア（人口230万人、面積北海道の70％）、首都リガ（同73万人）は、ロシア時代にはモスクワ、サンクトペテルブルグ（レニングラード）に次ぐ第三の都市であった。リガの中央駅は1861年に開業している。ラトビアの位置は、バルト三国の真ん中である。

バルターズ・アン・ラパ書店は市内で一番大きく、貫録もあり、品揃えも一番である。国立オペラ座前に店はある。ウインドウ（幅一間）が八つあり、そこにラトビア語（グラマタス）、ロシア語（クニーギ）、ドイツ語（ブッフェル）、英語（ブックス）と書かれ、書店であることがわかる。

一階中央から地下売場（学参、ドリル、辞書、文具、カバン、リックサック、紙類、印章、喫茶）に行く階段がある。一階の奥は回廊式の中二階があり、そこには専門書

が並んでいた。地下売場〜中二階にはガラス貼りのエレベーターが通っている。

一階中央に大きな看板があった。そこには「当店提供の安売り出版物を買いまくりましょう」と書かれ、バーゲンブックをアピールしていた。平台陳列に特色があり、部厚い文芸書、専門書、写真集がＰＯＰ（ポップ）の代わりに皇帝ペンギンのように陳列してあった。売場面積は、一階１２０坪、中二階30坪、地階１００坪、計２５０坪の書店である。営業時間は月〜金曜日は9時〜21時、土曜日10時〜21時、日曜日10時〜16時である。

8

ギリシア

アテネ

エレフセロダキス書店

アテネ一番の書店は、エレフセロダキスである。市内にチェーン店が八店舗ある。本店は、アテネの中心地シンタグマ広場から5分ほどのところにある。

店の前にはアテネ大学があり、その左側

は国立図書館、右側は学士院である。つまりエレフセロダキスは文教地区の真ん中にあると言える。店は八階建、エレベーター三基をもつ堂々たる書店である。

各フロアは、個性的な商品で構成されている。一階は新刊と詩学コーナーで、ギリシアらしさを感じる。四階の児童書売場はプレイランド風フロアである。

八階の写真集の陳列を見ているとまるで自分が展示会場に居る感覚になってしまう。インフォメーションスタンドは、各階にあり、利用者が多い。専門書の充実は言うまでもない。エレフセロダキスはアカデミックな雰囲気の総合大型書店である。

9
イタリア
ローマ

フェルトリネッリ書店

イタリアには、大型書店も大規模チェーン店もない。その中で強いて挙げればフェルトリネッリ書店になるだろう。チェーン店はローマ、フィレンツェ、シエナ、ナポリにある。

ここで紹介する店はローマ・コロンナ広場にある店である。便利な場所にあるので利用価値が高く、いつもお客様であふれている。

二店が隣接しているが、連続していないで、間にコンビニが挟まれている。一店は約120坪の一般書店で、もう一軒はインターナショナル店（約120坪）の看板が掲げられ、地図、ガイド、海外辞書、語学、参考書、雑誌が販売されている。

雑誌は市内のスタンドには、ファッション誌と専門誌だけ並んでいた。

フィレンツェの店は素晴らしい。ドゥオ

モ広場とサンタマリア駅の中間の繁華街の中心に店はある。一階、中二階、地下売場と広く、250坪前後ある。一階奥右翼は子どもの本広場で可愛らしさ一杯の売場である。お父さんに本をねだる子どもの風景が何とも言えなかった。

奥中央は詩、ドラマ、芸術、美術、写真集、デザイン、建築と、イタリアが誇る分野の本が目白押しであった。奥左翼は文学、人文、歴史、実用書である。中二階は地図売場、地下は経済、経営、コンピュータであった。

セネッセ書店

フィレンツェからローマに向かう途中、トスカーナ地方が広がる。オリーブの木とブドウ畑が続くトスカーナの田園風景の中にシエナの街はある。中世の面影を残すレンガ色の街の真ん中にカンポ広場がある。この広場は世界遺産に指定されている。

セネッセ書店は城壁に囲まれた街の中心にある書店である。一、二階の小綺麗な店である。イタリア特有の二階が回廊式の売場になっていて、回廊の妙を見ている思い

である。店頭のウインドウも平面、立体陳列と工夫の多い書店である。
一階20坪、二階10坪と大きい書店ではない。世界遺産に関係した写真集、美術書が多く陳列されていた。従業員は男性2名、女性2名で、レジは一階だけである。

11

ドイツ

フランクフルト

メディアキャンパス（ドイツ書籍業学校）

ドイツのマイスター制度は書店にもある。つまりドイツでは書店を経営するためには国家試験に合格しなければならない。そのために作られた学校がメディアキャンパス（ドイツ書籍業学校）である。この学校はフランクフルト郊外（中心地より20キロ）にある。一学年20名、修業年限2年、全員寄宿舎生活で、男女比は3対7で女性が多い。

創立は1851年で、ライプチッヒで誕生した。1961年フランクフルトに移転した。

すでに160年以上の歴史のある学校である。学校は二階建て（一部三階）の建物が五棟連結している。教室、セミナー室、コンピュータ学習室など九種類の専門室がある。

特徴的なことは、模擬書店（約20坪）があること。コンピュータ室には15台のパソコンがある。30万冊の本が登録されている。

図書館も充実している。独立の建物ではないが、三層回廊式の図書室である。3万5000冊の蔵書はすべて出版社の寄付によるも

の、80%は出版関連専門書、20%は小説。一階右隅に、2000冊のコミックがあった。

　カリキュラムはドイツ文献学、書店経営論、会計管理、製造原価論、海外出版権、マーケティング、メディア論など70科目ある。教職員は常勤講師11名、非常勤40名。非常勤講師は他大学の先生、出版社の役員、実務家、各業界の実力者で構成されている。

　日本にも、この学校に範をとった『NPO法人本の学校』がある。場所は鳥取県米子市である。

12
ドイツ
ハンブルグ

タリア書店

ドイツ一番店がタリア書店である。同時にヨーロッパ一番のチェーン店でもある。創業は1905年で、現在はドイツに250店、オーストリア20店、スイスに10店ある。旗艦店はハンブルグ中央駅前通りの好立地にある。一、二階900坪の大型書店で、従業員は50人で全員社員である。アルバイトはいない。店の中央からエスカレーターが走り、その先に螺《ら》旋《せん》階段がある。

タリアチェーンを有名にしたのは、ドイツがアマゾンを凌駕《りょうが》したその原因を作った店だからである。タリアチェーンとアナベル書店組合がトリノ電子書籍を支援して、

6対4でアマゾンを追い越した。

タリアは本だけ販売しているわけではない。DVD，カレンダー、玩具、文具、喫茶室もあり、そのために客層も幅広い。本と雑貨の売上比率は、本80％、その他20％である。

この店の販売台は変わっている。舟形というか細長い楕円形である。この変形什器が読者に親しみを与えている。店内に椅子、ベンチの多いこともお客様の滞在時間を長くしている。

地図の充実しているのはヨーロッパの書店の特色であるが、タリア書店は更に充実していた。ヨーロッパ45カ国の地図、ドライブマップが完備されていることに衝撃を受けた。EU圏内は検問なしで通行できるので、地図、ガイドブックの需要が多いのである。

13

フランス

パリ

大学出版協会書店

カルチェラタンに大学出版協会はある。ソルボンヌ大学、パリ大学等、学生と教授、研究者の街がカルチェラタンである。

書店もこの辺には多い。人文書の充実したコンパーニュ書店、学生に人気の高いコミック専門のアルボム書店、少し離れたところに建築書専門書店のル・モニトールがある。この周辺のコーヒーショップも変わっている。それは壁面には必ず書架があり、画集、写真集、詩集、文学書などが置かれ、利用者が多いことである。

大学出版協会の建物は木造である。二階に行く階段はぎしぎし鳴っていた。木造の建物だが店内は明るいので、これは救いであった。店の前は広場になっていて、木製のテーブルが多数あり、学生や教授で賑わっていた。

書棚はすべて手作りの木製什器である。床は板張りに絨《じゅう》毯《たん》を敷いてあるので居心地はよい。角店なのでウインドウ

はたっぷりある。

そこには教授たちの著作物が陳列されていた。店内には著者らしい人が見られ、対応する従業員は年配の男性が多く、教授らしき人と本のことを話している風景が、いかにも出版協会書店らしいと思った。この店は一、二階総合で約100坪くらいであった。

フォイルズ書店

訪れた時、オリンピックでロンドンは燃えていた。ロンドンの老舗、大型店といえばフォイルズ書店である。蔵書500万冊は、世界一である。

　イギリスの書店業界は巨大書店チェーンのウォーターストンズ（300店）とW・H・スミス（490店）がある。

創業1903年のフォイルズ書店は2011年まで、単店、巨艦主義を貫き、ロンドンっ子の人気を集めていた。今は、6店舗を持つ。フォイルズ本店・チャリングクロス店は、

凄いの一語に尽きる。

地下一階、地上五階、1440坪の売場面積も立派である。筆者が一番驚いたのはスコア（楽譜）の圧倒的な量である。40坪くらいの売場全部が楽譜で埋まっていた。動物関連書の多いこともイギリスらしい。動物愛護団体の支援があるからである。店の側面のウィンドウに30社の出版社の新刊広告があったことも驚きであった。鹿島守之助が訪英した時に、フォイルズ書店を見て「こんな本屋を日本にも作りたい」と思って出来たのが八重洲ブックセンターである。

15

スペイン

マドリード

カサ・デル・リブロ書店

首都マドリードはスペインの真ん中に位置する。スペインは人口4340万人、面積は50万平方キロメートルで、日本の1.3倍あり、ヨーロッパではフランスに次いで大きい。マドリードは人口320万人である。

書店の一番店はカサ・デル・リブロ書店である。街の中心地グランビア通りにある。

大通りに面したこの書店の外観は派手で、すぐにリブロだとわかる。リブロの前はバス停で混んでいる。一階は読者で更に混んでいる。営業時間は9時半から21時半と長い。好立地なので終日この混雑は続くのであろう。店の入り口にはガードマンが立っていて威圧された。

一階文芸書棚が変わっていた。それはスライド式二重書棚である。丸善製作の家庭用スライド蔵書棚と同じである。上層階にはエレベーターか階段で行く。階段踊り場が凄い。人体骨格標本が置かれていてハッとした。

売場は一階は新刊、ベストセラー、文芸書、二階は子どもの本、マンガ、三階は人文、社会科学、理工学書、四階は芸術、建築、医学書。地階は辞書、教科書売場である。

創業1923年の老舗で、チェーン店は36店あり、グランビア本店は、旗艦店の貫録十分な総合書店である。売場400坪、14万冊の本が輝いていた。地下の辞典売場の充実は素晴らしく、リブロは国際書店だと思った。

16
オランダ
アムステルダム

アテニューム書店

オランダは風車、水路、花の多い国である。アムステルダムには圧倒的一番店の書店は見当たらなかった。イギリス資本のウォーターストーンズや、古書併営のデ・スレグテは大型書店であった。ここで紹介するアテニューム書店（創業1966年）は独立系書店としてはオランダ最大かもしれない。この店はフラワーマーケット近くのスパイ広場前にある。

とにかく面白くて楽しい書店である。店は大きくはないが、総合書店である。個性的な面は三つある。一つは売場の建築構造が複雑なことである。一階、半地下、中二階、回廊売場（全体で60坪位）と変化に富んでいる。店内に階段が8カ所もある。第二は店頭に

立派なウィンドウがあり、そこに陳列された本を販売するのである。そのためにウィンドウに自由に出入りできる通路が用意されている。こんな書店を小生は見たことがない。

第三はお客様に対応する社員の多いことである。各売場にレファレンスコーナーがあり、それぞれに社員が配置されている。因みに売場構成は次のとおり。

一階：20坪　新刊、哲学、政治、中世史、ネーデルランド
一階奥：10坪　社会学、認識論
半地下：9坪　スリラー、英米書、古典全書
中二階：15坪　辞書、言語、オランダ、フランス
回廊：6坪　写真、画集、音楽、伝記　3フロアに5万点の在庫である。

17
ベルギー
ブリュッセル

トロピスム書店

ブリュッセルはヨーロッパの中で重要な都市の一つである。EUやNATO本部があることからもわかる。フランス語圏とオランダ語圏（フラマン語圏）を併せもつ都市なので両言語併用である。

ここで紹介するトロピスム書店ではフランス語の本が多かった。

トロピスム書店はブリュッセルの中心地グラン・プラス広場から放射状に出ているサン・チュベール通りにある文芸・人文・芸術専門書店である。広場から歩いても5分とかからない。店は木造で古色蒼然《そうぜん》としているが、品揃えは堅実である。

従業員の多いこと、インフォメーション機能のしっかりしていることが読者の信頼に繋がっている。店内各所に置かれたパソコンで書誌検索が出来るし、また店側でも対応してくれる。

道路に面した窓ガラス

をウィンドウ代わりに使っているが、そのウインドウショッピングが結構楽しい。横長の店で、13間×5間の店。二階半分は吹き抜け、地階は一階の半分、従って総売場面積は150坪になる。木造のつくり、階段も木、什器も木製である。固定客が多く、目的買いの読者を多く見受ける。地階から二階までの連絡がよく取れている。一階文芸書、二階人文・芸術書、地階は絵画の構成である。雑誌は扱っていない。

エルンスター書店

ルクセンブルクは南北82キロメートル、東西57キロの国で、神奈川県と同じ位である。人口は48万人、ドイツ、ベルギー、フランスに囲まれ、首都ルクセンブルクからパリまでは、車で3時間程度で行ける。

税率が低い国であり、数多くの国外企業の誘致に成功しており、世界最高水準の経済体質で、国民総所得は世界第4位である。

言語は仏、独、ルクセンブルク語の三つが公用語であるが、法令は仏語である。市内の書店ではフランス書専門店が多かった。

エルンスター書店は五層の市内一番の総合書店であった。地下二階、地上三階で約200坪位の書店である。この書店の特色は、全館吹き抜けということである。

店の中央に真四角で、真っ赤な50センチ角の太い柱が立っている。その柱を巻くように螺旋階段がある。柱には各階売場案

内が書かれていた。その表示は+1、+2、0、-1、-2となっていた。各階にレファレンス機能があり、従業員が待機していた。+1の子どもの本売場が印象的であった。絵本とおもちゃ、滑り台が融合し、やさしいこども広場が演出されていた。

各階から上下の階が見える開放的な売場風景は、吹き抜け様式だけに許されたことである。売場構成は0階は文学、文芸とバーゲン売場であった。+1子どもの本、+2芸術、音楽-1、-2は考える本を中心に重厚な雰囲気の売場であった。内容は人間科学、コンピュータ、言語、文化、心理、詩、社会科学であった。売場隅にエレベーターがあり、昇降に便利であった。

19

オーストリア

ウィーン

フライタークベルント書店

各国には優れた地図専門店がある。ネパール・カトマンズにはヒマラヤ登山専門地図店があり、パリ・シャンゼリゼにはエスパース・IGN国営地図専門店がある。この二店を凌《しの》ぐ店がフライターク・ベルントである。

書店であると同時に地図版元である。我々が手にする外国の都市地図は、フライタークベルント制作であることが多い。小生の知る限りでは、世界一の地図専門店と言ってよいであろう。

この店は街の中心地コールマルクト通りにある。間口3間、奥行20間の細長い店で、入口から3分の1の売場には世界中の都市

地図が陳列され、東京もあった。真ん中の3分の1はオーストリアの地図、地理書、ガイドブックがあり、奥3分の1には世界各地の地理、ガイドブックが地域別に陳列されていた。日本関連書は20冊あった。

地下売場は約40坪、地球儀、観測機器、ウオールマップ、額マップ、地形図、海洋図、複製古地図、航空写真、ビデオなどが陳列されていた。ヒマラヤ、キリマンジャロの地形図はあったが、富士山は無かった。

20

ロシア

サンクトペテルブルグ

ドムクニーギ書店

この建物は18世紀に出来たそうである。堂々たる建物は写真を見ての通りである。この書店はエルミタージュ美術館から遠くはない。町の中心地ネフスキー大通りにあり、前はカザン寺院である。交差点の角のお城の様に立派な外観の書店である。筆者の知る独立店舗の書店では、シンガポール

のコロニアル風の建物のMPH書店と、このドムクニーギが世界有数の風格のある建物だと思う。

ロシアの書店に入るには必ず、ものものしい警備員の監視の眼を覚悟しなければならない。大変なことは、買い物をしてレシートを紛失してしまうと、店から出してもらえない。

一階は実用書、子どもの本、文芸書と専門書（数学、物理、技術）に分かれている。

二階は右室と左室に分かれている。両室とも入り口でセンサーとガードマンが迎えてくれる。左室は芸術、画集、地図ガイド、ポスター、右室は教育、児童文学、音楽、演劇、映画である。

三階は生物、化学、生態学、薬学、農業、貿易、コンピュータとインフォメーションである。

クニジーミル書店

ハバロフスクは極東でウラジオストクと並ぶ主要都市である。終戦後、シベリアで多くの日本人がこの地で亡くなった。いまハバロフスクを訪れる日本人は、空港近くの日本人墓地を尋ねる人が多い。人口60万人だが書店は二店と少なかった。出版社はヨーロッパに偏っていた。

クニジーミル書店は、市の中心地レーニン広場、交差点角にある大型書店で150坪はある。

本の売場（100坪）を真ん中にして右側におもちゃ、乳母車、児童書売場（20坪）、左側奥が文具、雑貨、アクセサリー、貴金属売場（30坪）になっている。文化・生活用品店といった感じで、女性客が多い。従業員はほとんど女性で、男性は監視員だけかもの感じすらある。

本売場は入口から雑誌、文芸、古典、バーゲンブック、専門書（ビジネス、法律経済、歴史、心理など）学参、実用書、地図ガイドであった。中央付近にレアブックが

ガラスケースに入れられてあった。総天金、革製、A5判、1000ページの「トルストイ」は7500ルーブル（2万5000円）、「コーラン」は9500ルーブル（3万円）だった。学参は問題集の多いことが特色である。

法律書が多く、弁護士の棚があるのも珍しい。実用書の中では料理書が多かった。ハードカバーの部厚い本はカラー刷りだったが、1900ルーブル（6000円）と値段の高いことに驚いた。

新書判サイズ64ページのレシピ本は、写真入りではなく、すべて活字であった。筆記具は豊富で、小生は8Bの鉛筆を買った。50ルーブルだったから170円程度か。地図、絵本も買ったが袋に入れてくれない。袋は有料で5ルーブル（18円）、どの商店、スーパー、百貨店でも有料であった。

22

チェコ

プラハ

ガンゼルスベルガー書店

チェコ一番の書店がガンゼルスベルガーである。七階建の堂々たる書店であるが、書店名を探すのが大変であった。建物ガラス面にはKNIHY（本）の表示だけである。店頭には大きなウインドウがあったが、その片隅に小さくガンゼルスベルガーと書かれていた。ウインドウには「少ないお金で多くの知識が得られる」

と表示されていた。

一階から四階までが書店で、売場中央にある階段で上層階に行く店である。全体で450坪ぐらいの大型書店である。レジは各階中央にあり、キャッシャーはすべて中年女性である。

実用書の棚に日本の生け花（チェコ語に翻訳）の本が面展示されていた。CD売場ではスメタナ、ドヴォルザークについては特別扱いのコーナーがあった。この二人の商品は半額であった。国で補助しているからである。楽譜売場も広く、クラシックを大事にしていた。

街の中の音楽公演のポスターを見てもジャズやフォークは少なく、クラシック主流であった。

リブリ書店

ドナウ川の真珠といわれるブダペストは王宮（世界文化遺産）のあるブダ地区と河岸東側のペスト地区に分かれる。両地区を結ぶ「くさり橋」は名所で、終日観光客で賑わっている。

書店はペスト地区に集中している。ブダ地区には商業施設が少ないからである。ペスト地区に珍しい書店がある。その一つはヒルラップと呼ばれる市営の雑誌スタンド

である。市内各所に存在する。もう一つは作家書店である。英雄広場近くにある書店で、地元作家が経営している。サイン会や講演会が行われ、人気がある。

市内最大の書店はリブリである。市内に八店舗をもつチェーン店である。本店はラーコーツィ通りにあり、一，二階のL字型店舗である。入口から、立派なエスカレーターに誘導され知らず知らずに二階に昇ってしまう。二階には20坪の喫茶ルームがある。本好きの読者がコーヒーを楽しんでいる風景はよいものである。この店はレファレンスが素晴らしい。

美女が読者の質問を待っている。そして近づいてきて話しかけることが凄い。地図、コンピュータ、児童書の品揃えも豊富である。一階160坪、二階140坪の店舗に本店の貫録を感じた。

ヴァッツイ通りのリブリは文芸、詩に力が入り、個性的な書店であった。リブリの商標は、本のマークの上に太陽を乗せた図柄である。店頭には必ずこの商標が掲げられていた。

24

ポーランド

ワルシャワ

エムピック書店

　ポーランド最大の書店はエムピックチェーンである。創業1948年で、195店舗をもつ。
　ワルシャワには20店舗ある。この書店の特色は商品構成である。

　書店といっても本だけ陳列している店ではない。わかり易くいえば、ジュンク堂書店+マツモトキヨシ+スタバ+ヴィレッジヴァンガードである。旗艦店のジュニア・ワルシャワ店は三層の店である。
　一階（150坪）雑誌1228誌、化粧

品、日用雑貨、旅行用品、新聞
　二階（900坪）DVD，鞄、文具、クッション、アルバム、マグカップ、ラッピング用紙、画材、紙袋各種、カレンダー、日記
　三階（900坪）本売場（500坪・新刊、文芸書、実用書、地図ガイド、芸術、専門書）、喫茶ゾーン（100坪）、児童書ゾーン（300坪）

　やはり地域一番の書店である。しかしポーランドの人たちの書店観は本も売っている生活館なのである。陳列されている本の95%はポーランド語の書籍、雑誌である。英書が僅かに並んでいるに過ぎない。ワルシャワ市内の他のエムピック書店の商品構成も同じであった。

　ワルシャワ大学周辺の書店、ボレスワ・プルース書店、デダラス書店でも本の他に文具、家庭用品が並んでいた。

バーンズ&ノーブル書店

ハワイ最大のショッピングセンターであるアラモアナショッピングセンターの中にB&Nはある。ご承知のとおり、アメリカ出版業界もアマゾン席捲のニュースばかりである。小売業では世界一飛びぬけて大きいウォルマート（年商55兆円）であるが、こと本となるとアマゾンが電子書籍市場67%、書籍市場の41%のシェアでアメリカ人購買に応えている。しかしリアル書店では、全米最大書店としてB&Nが頑張っている。700店前後のチェーン店を持っている。

ハワイのB&Nはハワイ一番の書店で、12万冊の書籍と20万枚のCDが揃っている。

この店の特色は店内にあるスターバックスで本が自由に読めることである。約80席は常時満席の状態であった。筆者が訪問したときには店内で弦楽器演奏が行われていた。

多機能な書店であることは店内を一巡すればすぐにわかる。お得意のバーゲンブックの展開、ゆったりしたキッズコーナーは居心地満点、親子連れの座り読みは微笑《ほほえ》ましい風景である。

観光客を喜ばせてくれるコーナーにガイドブックコーナーがある。世界中から集まる観光客に焦点を合わせて、ハワイ諸島の地図、ガイドブック、観光案内はこの店ならではである。

26

ジャマイカ

モンテゴベイ

サングスター書店

ジャマイカは中南米カリブ海に浮かぶ、キューバ、ドミニカに次ぐ国である。秋田県ぐらいの広さで人口は278万人(2008年)である。筆者の訪れたモンテゴベイはカリブの楽園として有名な都市である。首都キングストン(73万人)に次ぐ13万人の街である。

ジャマイカは今やウサイン・ボルトで知られる陸上王国であるが、商店街も賑わっていた。商店街は街の中心地に約200メートルに亘って広がっていた。

サングスター書店は交差点角にある好立地である。町並みは食料品、衣料品、薬、雑貨、工作機械等の店が多い。業種店が商店街を形成していた。各商店は5坪から15坪程度と小さい。

サングスター書店は市内に三店の店をもつチェーン店である。扱っている商品は本、雑誌、文具、学校教材、事務用品である。書店としてはテキストブック、辞書、参考書の多いことに驚いた。店の半分は学習書

であった。次に多いのが子どもの本であった。値段の高いことにも驚いた。筆者の買ったA３判、80ページの薄い大型絵本が１２００円であった。

陳列も面白かった。文具屋さんの陳列に似ている。書棚にノートを並べるように書籍を積みあげていた。この店の面白さは閑散時の女子従業員の仕草である。繁忙時とは裏腹に、潮が引くと、女性四名がカウンターに集まって楽しそうにおしゃべりを始める。若い男性店長は棚整理をしている。いつもこうだと店長が言っていた。

アメリカの書店に共通すること・特色

(1)　レジ周辺で各種のブックマーク（栞）が売られているのはアメリカ書店の見慣れた風景である。大型書店ではブックエンド、読書用ルーペ、革製ブックカバー、老眼鏡、ブックスタンド、ページストッパー、ペーパーナイフ、ブックバンド、ブックボックス、リーディングライト、寝台用読書スタンド、ブックラッピングペーパー、ブッカー、読書用文鎮、ブックホルダー等、読書サポートグッズの販売熱心なことに驚く。

(2)　ディスカウントセール（期間限定・多くは発売後１カ月、陳列場所は店頭、割引率ハードカバー30%オフ、ペーパーバックス20%オフ）とバーゲンセール（常時販売、既刊本・売れ残り本、陳列場所は地下売場とか最上階などバーゲン常設売場、割引率90%～50%オフ）の使い分けが出来ている。非再販国だから出来ることである。

(3)　クッキングブックの陳列量が多い。100kgをオーバーする人はＮＹ警察では採用しない。肥満退治は料理本コーナーにも反映されている。もちろん美味を楽しむ提案もされている。料理をヴェジタブル、プロフェッショナル、インターナショナル、スペシャリティ、リージョナルクックブックに細分化している。

(4)　ベルを設置してある書店が多い。特に郊外の大型店では壁面棚にベルが置かれている。従業員を呼ぶための用途と、身障者の手助けをするためである。人件費の効率化であることも確かである。

第2章

オセアニア・アジアの本屋さん図鑑

ディモックス書店

オーストラリアの一番店はディモックス書店である。販売力、店舗数、歴史共ダントツに他店をリードしている。ニュージーランドのオークランドにも出店しているので、オセアニアの一番店と言える。歴史は古くオーストラリアのゴールドラッシュ時代にシドニーで1879年に創業している。チェーン店は24店である。

本店はシドニーの繁華街（ピットストリートとジョージストリートの間）にある。

500メートル圏内にディモックス書店（1000坪）、アンガス&ロバートソン（1000坪）、ボーダーズ書店（800坪、2011年廃業）、紀伊國屋書店（800坪）の超大型書店が集まっている。

各店個性を発揮しているが、オーストラリア人はやはり地元書店を大事にしていることが、客数の多さでわかる。他店との違いは本700坪、文具200坪、喫茶100坪の店舗内構成である。文具の充実

は本と共に見事である。シドニーの伊東屋といってよい。二階にある喫茶室は、この書店をサロン風に引き立てている。この風格は他の書店には無い。

　オーストラリアはスポーツ大国である。ディモックス書店の書棚にも反映され、スポーツ書の量、範囲の広さに驚くばかりである。しかも何故かスポーツ書は、児童書の隣に大量陳列されている。そのわけを店の人に聞いたら、本好きな子はスポーツも好きだという。特に母親の支持が強いそうである。

ウィットコール書店

ニュージーランドの一番店はウィットコール書店である。北島の玄関口オークランドに本店があり、南島のクライストチャーチにもチェーン店はある。この店の強みは知名度の高いことである。

ニュージーランドは南半球にあるので、すべて反対である。北向きに家が建ち、クリスマスは暑い盛りである。新学期は二月の初旬で、十二月中旬に終わる。学期は四学期制で、八週間学校にゆき、二週間の休みを四回繰り返す方式である。日本の夏休みに相当するものはない。

ニュージーランドは英

連邦の一員なのでイギリス色は濃い。学校図書室の充実はイギリスの学校制度の影響だという。

出版は年間3000点あり、書店も繁盛している。ウィットコールは輸入書籍、雑誌の陳列がうまい。売れ行き良好トップ100の展示も見事である。ベストセラーコーナーの隣に必ずレコメンドコーナーがあり、後者の方に読者が多い。文具の種類も豊富で、店内に居るだけで楽しいことは、ウィットコールの特色であり、人気の源泉でもある。

ロビンソン・クルソー書店

イスタンブールはアジア文化とヨーロッパ文化、その上イスラム文化が重なっている都会である。書店ではイスラム教典主体の店と英語中心の店に分かれる。ロビンソン・クルソー書店は後者である。この書店は『地球のあるき方』や『るるぶ』にも紹介されている人気書店である。今の社長は三代目である。

店は目抜き通りのイスティクラル通りの中心部にある。変わっているのは書棚が天

井まであることである。可動梯子《はしご》も用意されているが、二階売場からも取れるのが面白い。

二階は屋根裏部屋売場である。文芸、歴史、地元書籍がよく揃っている書店である。

ナカランダ書店

インド第二の都市ムンバイ（旧ボンベイ）は人口１２００万人で、商工業の盛んな街である。書店の数も多いが、ナカランダ書店を選んだ。この書店はタージマハールホテルの一階ショッピング・センターの中にある。店頭、ウインドウ、書棚、雑誌棚もピカピカの状態で、一流ホテル内の店だと思った。書棚の陳列は背表紙を見せる横積み方式で、日本の書店には無い陳列である。流通倉庫の陳列方法で、一点を何冊も保管する時に見られる風景である。

横積みにされた本が一点一点違うので、取り出すのが大変である。片手で本を抜くことは難しい。上部の本を取ろうと苦労していたら、さっと男性社員が手伝ってくれた。約20坪の店だが、店員はすべて男性で、感じがよく、洒落《しゃれ》たネクタイを締

めていた。

筆者はインドのカレンダーを買った。400円であった、安い。

写真集、画集におとらず、カレンダーの写真も素晴らしい。インドは出版点数が多く、年間1万5000点の新刊が出る。自国以外ではロンドン、シンガポールからの輸入が多い。

雑誌の種類の多いことに驚いた。ファッション、美容、料理誌の多いことは日本と同じである。車、スポーツ誌も種類が多かったが、中でもクリケット誌が目についたのはインドだからであろう。

31

スリランカ

コロンボ

レイクハウス書店

スリランカは、以前はセイロンと言っていた。首都はコロンボであった。今はスリランカと呼ぶが、美しい島という意味である。首都はスリジャヤワルダナプラコッテに移ったが経済、文化の中心は依然としてコロンボである。

レイクハウス書店はスリランカの中心書店である。社長のマイル・プロヒャーさんは、スリランカ書店組合の理事長さんであり、出版社レイクハウスの社長でもある。

さらにフランチャイズ店を10店もち、その母店も兼ねている。

レイクハウスブックショップは本、文具、CDを扱う162坪の大型書店である。

「一番売れる商品は何ですか」と質問したところ、答えは弁当箱であった。新学期直前の文具売り場では、弁当箱を買う親子の列が出来るそうだ。この国では給食がないので、弁当箱は必要学用品なのである。

本の品揃えは一通りなんでもある総合書店である。医学書までである。中でも子どもの本の充実と郷土書の豊富なことに驚いた。

このコーナーはこの書店の人気コーナーになっている。親出版社が歴史、郷土書の専門版元だからである。筆者もスリランカの歴史解説付きの写真集を購入した。日本円で１８００円くらいだった。

　店の奥に一本の柱があった。その柱は本の成る木をイメージした陳列であった。日本ではお目にかかれない風景なので見とれてしまった。この書店がお客さまを惹《ひ》きつけるもう一つの要素があった。それはレファレンスサービスである。読書相談、案内が充実している。順番を待つソファーまで用意されている。

32

タイ

バンコク

アジアブックス

　バンコクには民族資本の大きな書店はない。しかしチェーン店でアジアブックスが頑張っている。バンコク市内に10店の店をもち、地元では人気がある。立地が面白い。ホテル、ショッピングセンター、百貨店、商店街など、バラエティに富んでいる。店舗面積は10坪～40坪と中規模店が多い。

　この店の特色はチェーン店間の商品移動である。その店に無くても、午前中であれば、他チェーン店から夕方には取り寄せてくれる。各店間のコミュニケーションの良いことに驚いてしまった。チェーン店の代表格の店は、高級百貨店エンプロイアムの三階にある書店である。店頭のウインドウの陳列が素晴らしい。おもわず足を停めてしまう。入口ではバーゲンセールのワゴンが数台並んでいる。ここでも商品に魅入ってしまう。陳列商品に魅力があるからであ

る。また価格訴求力、ＰＯＰ表示が良い。社員８名はお客様の気を逸らさない商売をしている。筆者が「タイ史の本が欲しい」といったら、検索してくれ、単行本とペーパーバックス数冊を持ってきてくれた。アジアブックスが読者に人気があるのは、こうしたレファレンス力が強いからである。この店はタイ語書、英語書の専門店で、日本書は全く扱っていない。

商品では児童書、画集、写真集に力が入っていた。アジアブックスでは毎月ニューアライバルの新刊目録を発行している。店のキーワードはThe BIG READ - READ MORE GAIN MORE（読めば読むほど得をする）である。

33

インドネシア

ジャカルタ

グラメディア書店

グラメディアはインドネシアを代表する書店である。親会社は印刷会社で、創業１９７５年であるから40年になる。16の店をもつチェーン書店で、本店はジャカルタ市東部のマトラマン地区にある。二番手書店のグヌング・アグング書店もチェーン店で親会社はホームセンターである。この書店はイスラム書専門書店なので、書棚の本は全く読めなかった。

グラメディア書店は現地語本の他に英書を多く取り扱っているので親しみやすい。本店は四層の建物で、一階電器製品売場、二、三階は本とおもちゃ売場、四階事務室の構成である。

駐車場は、地下で50台収容であった。地下から階段で一階に行くと、広いホールに出た。そこでパナソニックフェアが開催されていた。一階中央から、頑丈そうな鋼鉄

製のエスカレーターが走っていた。一、二階は吹き抜けなので、空間をより感じた。二、三階の書籍売場はゆったりそのものである。磨き上げられたフローリングに書棚が浮かんでいる感じがする程、ゴージャスな売場である。

二階正面右側にレジとレファレンスコーナーがあり、女性三名が応対していた。二階は子どもの本、家庭書、芸術、雑誌、コミック売場である。コミックの座り読みは万国共通である。売場レイアウトがゆったりしているので、読者はのんびりと選書していた。

　三階の専門書売場では、その感じは更につよい。店内4か所にレファレンスコーナーがあり、読書相談を受けていた。

チャンティエン書店

ベトナムの首都ハノイは、仏領インドシナ時代の色彩を色濃く残している街である。政治・文化の都として、南のホーチミン市（旧サイゴン）と共にベトナムを代表している。

街一番の書店としてチャンティエン書店がある。市内目抜き通りチャンティエン通りの中央部、五階建ての堂々たる総合大型書店である。この店にはエレベーターはない。

一階ベトナム書籍、二階外国書売場、三階コミック、参考書、おもちゃ、四階倉庫、五階事務室のフロア構成である。

二階洋書売場が圧巻である。フランス書の多いことは当然で、クセジュ文庫の白表紙が印象的であった。英露中韓書籍に交じ

って日本語もあるが、少ない気がした。外国人、研究者風の読者が多く、国際色を感じた。二階の壁面に大きくホー・チ・ミンの五大スローガンが掲げられていた。

1　人を愛しなさい
2　勉強を効率よくしなさい

3　よい規則に従いましょう
4　身体をきれいに保ちましょう
5　人には親切にし、嘘はつかないこと、
　そして勇敢に闘いましょう

三階のコミック売場は楽しさ一杯で、子ども達の天国であった。「ドラえもん」が全点平積にされ、一点30冊～50冊の大量陳列に驚いてしまった。一階中央にレーニンの言葉が掲げられていた。「本が無いと知識がつかない。本はコミュニストを作る大切な道具である」

35
ベトナム
ホーチミン

サイゴン書店

ベトナムは北にハノイ（政治の中心、284万人）、南にホーチミン（経済の中心、538万人）がある。ホーチミン市は東洋有数の商業都市で、仏領時代には「東洋のパリ」と称された。ホーチミン市は旧サイゴン市である。

サイゴン書店はレロイ大通りに面している。老舗書店で市民に人気のある書店である。

五層のビルの一、二階を書店売場に使っている。三階は書店事務所と倉庫、四、五階は文化教室になっている。間口5間×奥行16間の80坪の店舗で、二階も同様である。

一階売場は辞書、文学書、文具、時計売場になっている。店頭にはオックスフォードの部厚い辞書が山積みされていた。上の階で英語教室を開いている関係である。時計は書店の扱い商品で、他の書店でも売っ

ていた。アメリカ製が多いが、その他フランス、日本製（セイコー、シチズン）もあった。

二階売場が面白い。二階は学参書売場で、小中高参考書、問題集、大学入試、教科書が陳列されていた。隣に児童書があったが「お体裁程度?」であった。狙いはおもちゃ、ぬいぐるみであった。この他、ガラス製品、掛け軸、刺繍《ししゅう》、シルク商品、雑貨であった。ホーチミンにスーパーはあるが、デパートは無い。おもちゃ、ぬいぐるみは書店の大切な人気商品だったのである。

ボーダーズ書店

2011年秋に「世界に君臨？」していたボーダーズ（900店舗）は総て姿を消した。しかし

マレーシアのボーダーズだけが地元資本家に買収され、残った。

マレーシアは1959年にイギリスから独立した。若い国であるが、活気があり伸びていることが実感として伝わってくる。マレー系60%、中国系30%、インド系10%の多民族国家である。クアラルンプールは市内に縦横にモノレール方式の電車（プトラLRトレイン）が走っている。地下鉄もあり、国営鉄道もあって移動には便利な都市である。クアラルンプールの商業集積は二ケ所ある。一か所はKLCC（クアラルンプールシティセンター）とボーダーズのあるタイムズスクエアである。

ボーダーズはモノレール・インビ駅を降りると、そのままタイム

ズスクエアに通じている。その真正面にボーダーズがある。立地は最高である。売場は一、二階合計で２０００坪の超大型売場である。特色がいくつかある。

中文書売場が充実している。地元の中国書専門店大将書店に任せている。１５０坪ある。

バーゲンセールが積極的に行われている。ボーダーズの得意芸である。スターバックスが店正面奥に１５０席あり、利用者が多い。子どもの本売場はまるで公園である。１５０坪のチルドレンパークになっている。雑誌売場が一階中央にあり、扱い誌１６５１誌と凄い。常時１００人以上が立ち読みしている。ＳＦ、ホラー、ロマンスのゾーンが１００坪あり、お目当ての本に出会える。ソファ、ベンチ、広場が各所にある。ゆったり感のある書店である。

北京図書大厦

1999年11月に世界最大の書店が誕生した。その書店が北京図書大厦である。超弩級の書店で、売場面積1万6000平方メートル、本の種類19万種である。とにかく広い。地下一階、地上四階の売場、建物は八階で五階以上は事務所になっている。

一階は中国共産党、革命思想書、軍事などこの書店の核である。

二階の本売場は600坪、音像売場300坪で、本は参考書である。中国は一人っ子政策を実施しているために、教育熱は異常である。熱気ぷんぷんのフロアである。

三階は芸術と文学のフロア、四階は実用、中国医学、コンピュータ、理工学専門書売場である。地階は洋書売場になっている。

営業時間は9時から夜8時半までで、年中無休、朝10時には1000人は入店している。日中は雑踏また雑踏の書店である。

各フロアに従業員は100人はいる。モップ掛けの人、見張りの人、棚詰めの人、フリーの人などである。照明は全体的に暗い。万引きが多いという。

書道の国なので書の本は豊富である。中国医学関係の本も多い。各階にベンチが置かれているが、すべて満席である。各階レジは一か所でPOSレジである。キャッシャーはすべて女性で、座って応対している。無愛想なこと甚だしい。公務員だから仕方ないのかなと首を傾げたくなる。

長蛇の列になってもいっこうに対応しようとしない。これが大陸風なのかな?。

国営書店

ピョンヤン市は人口314万人で、国全体の15%の人が住む。ここに住む人はエリートばかりで飢餓に悩む人はいない。男女、学生、公務員は満ち足りた生活をする人ばかりである。

北朝鮮に書店はあるのだろうか。答えは無しである。それらしきものとしては国営書店（朝鮮労働党刊行物販売店）がある。

ピョンヤンには市内に17の区がある。各区にひとつの本の施設がある。並んでいる本は朝鮮労働党の機関紙、新聞、宣伝雑誌、金日成全集、選集、金日成伝記、労働党史、党綱領、大同江文化、党大会ビデオ、ピョンヤン市地図、ガイドブック、絵葉書、国旗、帽子、バッジ、金日成写真、肖像画などである。

筆者は中区の施設を見た。何の変哲もないビルの一角に、国営書店を表示した袖看板があった。入口は90センチの狭いものであった。中に入ってみると20坪の図書室があった。外から見たのでは全く書店である

ことはわからない。薄暗い室内で、中年の女性が一人店番をしていた。店内は三分の一は金日成の本、三分の一はピョンヤン市地図、ガイド他、残りの三分の一は金日成肖像画、祭壇、お花である。書店というより朝鮮労働党の布教施設である。

子どもの本、実用書、小説、参考書、辞書などは皆無である。国民は海外の情報など知る由もない国だと思った。

韓国

安山

大東書店

安山《あんさん》市はソウルの南西30キロにある教育に熱心な都市である。インチョン空港（仁川）には10キロと近い。筆者が韓国書店組合の招待で訪問したのが大東書店であった。地下一階、地上五階の堂々たるビルの書店で、五階は学習塾並びに学習個室（有料）になっていた。教育都市なので、書店が大事にされていることがわかる。残念ながらハングル文字が読めないので店内の色々な表示を悔しい気持ちで見ていた。通訳の人から感じたことは、書店が街の文化

センターということである。

この店の特色は受験書が店内に一杯あることである。小学生の参考書はドリルが中心であるが、児童書と同じくらい陳列されていた。韓国は国をあげての受験国なので、高校入試、大学受験の熱の入れようは半端ではない。これだけでは収まらない。社会人には公務員試験が待っている。そのための塾、寄宿アパート、受験者向けのレストランなど、受験一色である。

大東書店もその例にもれず、Ｂ１，１Ｆは問題集だらけである。１Ｆの文芸書の陰は薄い。２Ｆは公務員受験の法律、行政、経済等の部厚い専門書、問題集で平台は埋め尽くされている。４Ｆにリーダーズブックカフェがあった。デラックスなラウンジである。成長めざましい韓国の一端を見た思いであった。

誠品書店台中店

台北の中央駅から新幹線高雄行きに乗れば30分で台中駅に着く。街中の中友百貨店の十、十一階に誠品書店がある。誠品書店は台湾全土に40数店を持つチェーン書店である。

店数では台湾で二番目であるが、店格、品揃え、サービス、信用では台湾一である。

旗艦店は台北・信義店であるが、ここでは台中店を紹介したい。

この店の圧巻は階段状の円形広場、円形壁面に並べられた本の迫力である。回廊状の売場もなかなか味わえない店内風景である。この店は十、十一階を四層に分けて使っていることも面白い。店舗レイアウトの円形広場にある階段は読者の座り読みの場所であり、コミュニケーションの場でもある。

誠品書店信義店

台湾にはチェーン書店が多い。金石堂書店100店、誠品書店44店、新学友書局、敦煌書店、三民書局、阿嘉仁書店などがある。誠品書店は店舗規模、レイアウト、陳列、情報量、サービス、雰囲気で特色があり、販売額では台湾NO1である。

台湾の書店事情は日本同様厳しい。最近では香港、シンガポールから乗り込んできた個性派書店の雄、ページワンが閉店している。

信義店は2008年にオープンした。それまで敦南店が誠品の顔であったが、信義店が旗艦店となった。3000坪の超大型書店である。ジュンク堂池袋店の1.5倍ある。一～五階で、地下には500台収容の駐車場がある。

一階はファッション衣料品、二階は新刊、音楽、ビジネス、雑誌売場で、雑誌ゾーン

だけで200坪ある。三階は中文書ゾーン、文学、人文、社会科学、理工学、健康、料理、喫茶がある。このフロアは誠品の目玉である。専門書の充実も凄いが、料理書がアジア一番と圧巻である。細目を見ると、日式料理、亜洲料理、義式料理（伊）、法式料理（仏）、西式料理、中式料理、寶島美食（台湾）、食材料理、器具料理、中国地方菜、中菜烹調、健康飲食、餐飲総論、酒、珈琲、甜点（デザート）である。

四階は日文書店、芸術書店、日本語の本が二百坪に優雅に陳列されている。五階は誠品児童館で、本の他に玩具、児童機能性家具、嬰幼児服飾用品、児童探索博物館がある。

42
香港
スタンレー

ビーチサイドブックストア

ビーチサイドブックストアは、香港島の裏側に当る赤柱半島のスタンレーマーケットの中にある。香港といえば香港島の中心地銅羅湾を指すか、九龍地区を指すのが一般的である。

ところがここでいうスタンレー地区は香港島の中心地から山越えをして出会う南岸の地域である。四国の高松、松山の北部地区から高知にでる感じに似ている。観光でも余り訪れないので、開発が遅れ、それだけに自然が残っている。別荘地になっている地区もある。

ビーチサイドブックストアは中心商店街の中にあり、店は二階にある。専門書こそないが、避暑地にぴったりの洒落《しゃれ》た書店である。陳列がよい、品揃えがよい、愛想が良い店である。こどもの本売場は特に優れ

ている。売場そのものが子どもの広場であり、書店にいるのか幼稚園にいるのか錯覚してしまう。育児遊具が豊富で、お母さん方を安心させている。

　絵本、おもちゃ、ゲーム、雑貨、文具、幼児の育児本の品揃えは、親たちに安心感を与えている。料理本、健康書、自己啓発書、雑誌、小説、ノンフィクション、文藝、伝記書、記録文学等の品揃えがよいので、安心して買ってしまう。避暑地を味方にした書店である。

リブラリア・ポルトゲーサ書店

マカオは1999年にポルトガルから完全に返還された。現在は中国の特別行政区となっている。人口は鳥取県と同じ60万人、面積は渋谷区の大きさである。こんな小さな地域に年間2700万人の人が訪れる。95％が中国人で、欧米人、日本人は少なく、日本人は1％前後だという。

出版に関していえば、地元には出版社は一社もない。すべて香港依存で、出版物は中文書が主流である。しかし植民地時代の立派な書店があった。

マカオの中心地セナド広場から道に沿っ

て数分もすれば、リブラリア・ポルトゲーサに出会う。三叉路の角にマンゴ色の鮮やかなビルがポルトゲーサである。ポルトガルの書籍や専門書が所狭しと並んでいる。料理の本や写真集の多いこともこの書店の特色である。マカオと日本の関係を綴った本（英語）もある。

　ポストカード、民芸品、おみやげ品も売られている。地下はマカオ出身作家のギャラリになっている。

44

ネパール

カトマンズ

ピルグリムズ書店

カトマンズはネパールの首都であると同時にヒマラヤ登山の玄関である。人口は70万人弱である。市の中心地はタメル地区である。地図を見ながら歩いていても路地が複雑なので迷ってしまう。要所要所にチョークと呼ばれる広場があり、そこで現在地を確認した。

タメル地区の一等地にあるカトマンズの代表的な書店である。創業１９８４年とのこと。一階１５０坪、二階80坪の総合専門書店である。従業員はほとんど男性で20人前後、グッズ売り場（土産物、紅茶、石鹸《けん》など）に女性が五人ほどいた。

奥行きは30間（54ｍ）と深い。売場がジャンルにより個室風に独立売場になっているのに驚かされた。二階の個室化されたジャンルは次のとおり。

１自然史室、２宗教室、３小説室、４歴

史・政治室、5子ども室、6絵本室、7未就学室、8言語室、9ビジネス室、10芸術書室、11ヒンズー教室、12ブッディズム室である。個室化陳列であるが、各部屋はす

べて通過できる構造になっている。

山岳書コーナーの充実は、ヒマラヤ登山に相応しい。喫茶室30席が一階奥にあったが、喫茶室の壁面にガラスケースの書棚に古書が約1000冊陳列されていた。販売はしていない。

品揃えは次のとおり。

一階：新刊書、ベストセラー、山岳専門書、旅行書、写真集、ポストカード、ネパール紅茶・香料、石鹸、刺繍、仏具、バッジ（山岳者用）

二階：前記列挙した個室のジャンル

45

ブータン

ティンプー

トリンケット書店

ブータンは九州ぐらいの国土に、70万人が住んでいる。首都ティンプーは人口10万人の都市で、今モータリゼーションの波が押し寄せている。出版文化、書店業も盛んである。

出版のベースは新聞社である。市内に三つある新聞社は雑誌を発行し、書籍の編集をして出版はインドに外注している。書店は七店ある。30坪～60坪の規模である。

ここで紹介したトリンケット&ブックワールドは市内商店街の中

の一店である。一階本、二階文具の売場で、清潔な店だった。よく売れている本は、「Invoking Happiness」が一番売れているとのこと。

その他ではクッキングブック、ブータン写真集、ヒマラヤ写真集が売れていた。

トリンケットは「ちっちゃな装身具」という意味である。この店では本の他に洒落《しゃれ》た装身具、と文具が売られていた。

店は母と娘の家族経営で、筆者を歓迎してくれたことは嬉しいことでした。ブータンの人は日本が大好きだそうである。筆者も市民の幸福そうな姿をこの目で見てきました。

自給自足国であること、ワンチュク国王が国民から絶対の信頼があること、大家族制であること、この三つが幸せの根源だと思った。

ボストンブックス

カンボジアは第二次世界大戦までフランス領であった。首都はプノンペン（人口136万人）であるが、ポルポト政権による大量虐殺という悲しい歴史を背負っている。30年前のことである。現在は世界遺産のアンコールワットやトンレサップ湖の水上生活者群の観光で訪れる人が多い。

王宮の近くに240通りと呼ばれる通りがある。この通りはフランス通りと言われ

るくらい外国人向けの瀟洒《しょうしゃ》なバーやレストラン、エスニック雑貨店が軒を連ねるお洒落《しゃれ》通りである。ボストンブックスはこの通りのメイン店である。

フランス文化一杯の書店である。店内はその作りの重厚さ、分類の多岐、陳列部屋の多さ、アカデミックさに驚くばかりである。プノンペンにフランスが生きている感じがした。

47

ラオス

ビエンチャン

モニュメントブックス

ラオスはインドシナ半島にあるが海に面していない内陸国である。ベトナム、カンボジア、タイ、ミヤンマー、中国と接している。ベトナム戦争の戦禍を受け、北部にはまだ地雷が埋まったままの気の毒な国である。

第二次世界大戦中は仏領であった。首都のビエンチャンには、想像以上に多くの書店があった。新刊書店も古書店も多い。い

ずれもフランス文化を色濃く残している。新刊書店を代表するのはモニュメントブックス（80坪）である。

自国の出版物は子どもの本コーナーに少しあるだけで、90％以上はフランス、イギリス、アメリカ等の出版社の本であった。英米仏の雑誌が50誌前後並んでいた。この店の力点は子どもの本、クッキング、ラオス紹介の本と写真集であった。来店者の殆どが外国人ということも特色である。

レジの担当は若いラオスのお嬢さん二人であった。流通は版元直ということであった。

ミャンマー書店

ミャンマーの出版、書店事情はまだまだこれからという状態である。出版社専業はまだない。新聞社、書店が兼務している状態である。出版、言論の規制が緩和されてきたのでこれからが楽しみである。現在は新刊書店の数も少ない。

教育制度は小学校5年、中学校4年、高校2年、大学4〜6年である。小学校の授業料は無料であるが、義務教育ではない。教科書は無償ではなく、親の負担になっている。制作は民間の出版社（書店が多い）が行い、店頭で販売している。ミャンマーブックショップは小中高

大学の教科書を発行・発売している稀有《けう》な書店である。

この店は1996年創業で、バホー通りにあり、奥行き12間、間口4間の細長い書店である。壁面棚と店内中央通りに中置台書架（4段と低い）が置かれている。奥まで見通せる

感じのよい書店である。この店は教育ジャンルに力の入った店である。辞書、地球儀、語学書棚は充実していた。その他のジャンルではコミック、リタラリークラシック、フィクション、コンピュータ、エンジニアリング、ヘルス、ブックオンミャンマーなどが陳列されていた。ミャンマーの書店の特色は二ヶ国語（ミャンマー語と英語）の書籍を扱う書店が多いことである。6対4の割合で母国語のミャンマーを重視している書店が多い。しかし

ミャンマーブックショップは英語だけの扱いであった。

49

フィリピン

マニラ

ナショナルブックストア

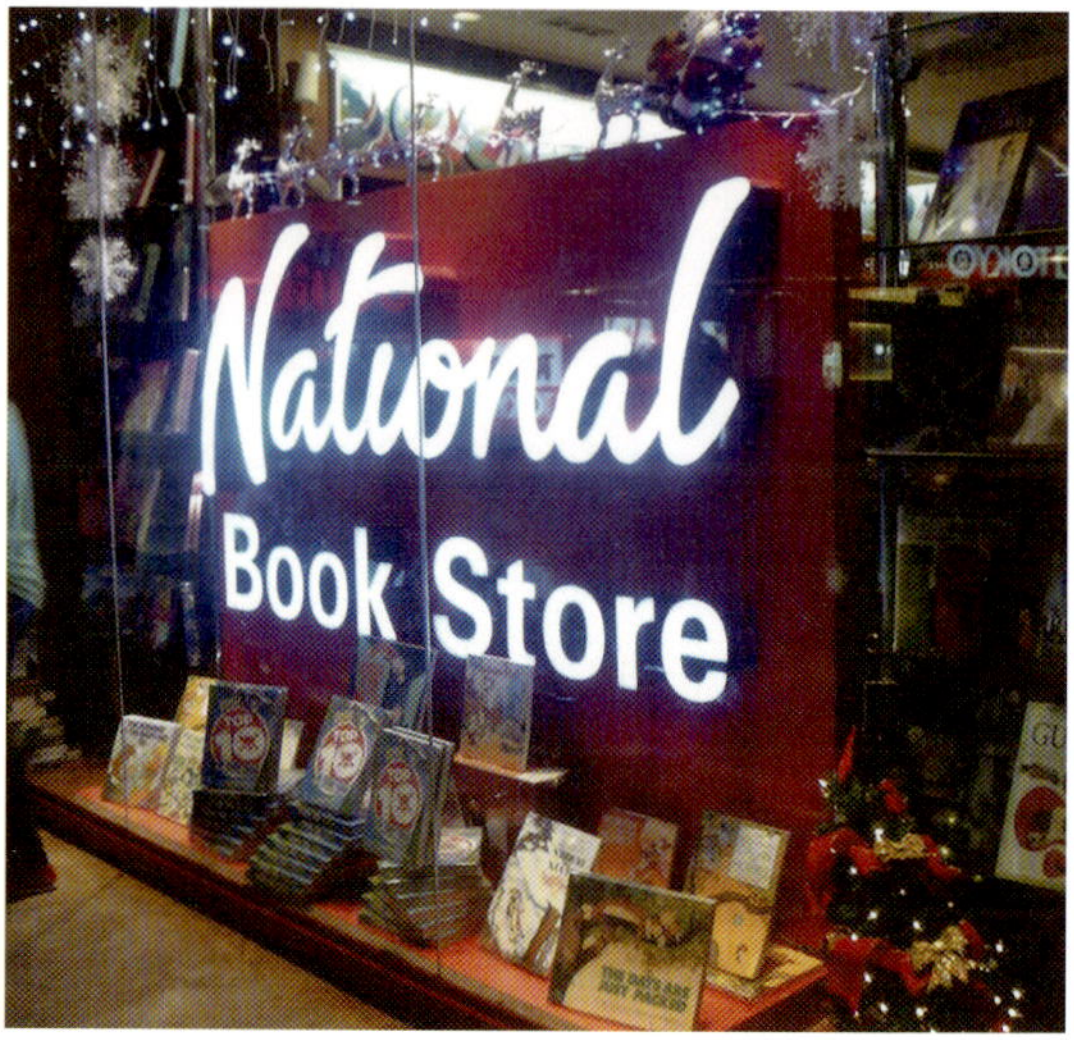

ナショナルブックストアはフィリピン最大のチェーン書店である。１９３０年創業で、現在１０８店舗あり、２０２５年までにアジア地域に１０００店舗出店を目標にしている元気なチェーン店である。

今の店勢から考えると可能かもしれない。というのは現在マニラ市内を走っているＬＲＴ（高架鉄道）の各駅前には必ず店がある。市内に数多くある大規模ショッピングモールにほとんど出店しているからである。

ここで紹介する店はグリーンベルトショッピングセンター（ＳＣ１）にある店である。この地域は二子玉川商業地域に似ている。このＳＣ１は、

5ゾーンあり、マニラ随一の高級商業施設で、ルイ・ヴィトン、プラダなどブランド店が出揃っている。SC1にあるナショナルブックストア（NBS）はその中で遜色なく存在し、顧客を集めている。NBSの基調色は赤である。店頭看板、ウインドウ、什器が赤いので店は華やいでいる。なかでも雑誌の陳列場は圧巻である。10間の連続面陳列は見ていて楽しい。女性ファッション誌のボリュームは凄い。ウィンドウ陳列はチェーン店の特色になっている。大きいこと、演出のうまいことで魅了させられる。この店はSC内にあるので女性、家庭、児童に焦点を合わせている。ホーム&ガーデン、アート&フォト、ガイド&マップ、フード&ダイエット、クッキングなど。学習関係ではテキストブック、プレスクール、教育書など。人文・社会関係では哲学、宗教、教育、歴史、伝記、政治、ビジネスなど。もちろん店頭には新刊、ロマンス、SF、ペーパーバックスが山積みであった。

50

アラブ首長国連邦
ドバイ

WHスミス店

アラブ首長国連邦（ＵＡＥ）は北海道の大きさ位の国である。首都はアブダビだが、有名度はドバイである。20年前は一漁村に過ぎなかった村が、今やビル群を擁する最先端国際都市となった。人口は２１０万人で、外国籍の人は87%、地元の人は13%しかいない。第二次世界大戦まではイギリスの支配地であった。書店ではイギリスの色合いが残っている。

ＷＨスミスは１７９２年創業の老舗書店である。

世界初のチェーン書店の元祖である。もう一つ有名なことはＩＳＢＮ（国際標準図書番号）を発明したことである。自社で使用していたＳＢＮが１９７０年に国際機関に採用され、１９７４年に全世界共通のＩＳＢＮとなった。

ドバイにＷＨスミスは6店ある。ドバイモール店、マリーナモール店、オアシスセンター店、ホテルマリオット店、ワフィモール店、エグゼクティブタワー

店である。

　この書店の主力商品は、もちろん本であることは間違いないが、多くの地域に出店しているうちスミス書店ならではの商品構成のノーハウがある。一言でいえば地域密着型便利書店である。ドバイのスミス書店の品揃えは新聞10紙（日本紙はない）、ベストセラー、フィクション、ノンフィクション、ビジネス、子どもの本、絵本、マップ、雑誌である。

　これ以外の商品がWHスミスの真骨頂である。土産品、絵葉書、地図、額絵、陶磁器、袋物、化粧品、アクセサリー、洗剤、水、コーラ、アイスクリーム、ガム、スナック菓子、チョコレート、タバコ、おもちゃ等楽しい品物ばかりである。本と生活用品を合わせ持った演出は独特である。日本には無い書店タイプである。

いろいろな陳列（横積み陳列・ペンギン陳列・立体陳列）

ベトナム・ハノイ・チャンティエン書店、インド・ムンバイ・ナカランダ書店、ジャマイカ・モンテゴベイ・サングスター書店で見た横積み陳列である。本来は取次倉庫の収納陳列が主流である。書店店頭の書棚に書籍を横積みに陳列する。同一書名の本ならば、手にするのに問題はないが、多種類の本が交じって陳列されている。中間の本を抜き出すのは大変なことだろうと思って見ていたら、当人たちは慣れた手つきで引き抜いていた。環境とは恐ろしいものである。

ペンギン陳列（筆者命名）をラトビア・リガ・バルターズ・アン・ラパ書店で見た。平台に書籍が林立している風景は異様である。厚さ５センチ以上の書籍を皇帝ペンギンのように立たせるのである。陳列の向き、角度が自由なので、平台売場は華やかであった。

北京の北京図書大廈で螺旋陳列、四面井桁積み陳列の立体陳列を見た。一点大量陳列には恰好の陳列方法である。芸術的陳列といってもよい程目立ち、思わず見とれてしまう。

日本でも三省堂書店・神田本店でこのスタイルをよく見かける。この陳列はロンドンのＷＨスミスでも見たことがある。

日本の書籍の陳列の主流は背表紙陳列である。しかし最近は表紙陳列が多くなった。文庫棚の全面表紙陳列は珍しくない。ベストセラー棚や文芸書棚はアピールさせることが求められるので、面展示すなわち表紙陳列となるのである。

◉著者略歴

能勢　仁（のせ・まさし）

1933年：千葉市生まれ

慶應義塾大学文学部卒業・高校教師を経て多田屋常務取締役、ジャパン・ブックボックス取締役（平安堂FC部門）、アスキー取締役・出版営業統轄部長、太洋社勤務

1996年：ノセ事務所を設立

書店クリニック・出版コンサルタントとして全国の書店の再生に活躍中

主な著書

『世界の本屋さん見て歩き』（出版メディアパル）

『昭和の出版が歩んだ道』（共著、出版メディアパル）など多数

世界の本屋さん図鑑 45カ国・50書店の横顔見て歩き

2016年7月25日　　第1版第1刷発行

著者：能勢　仁

発行所：出版メディアパル

〒272-0812　千葉県市川市若宮1-1-1

Tel & Fax：047-334-7094

e-mail：shimo@murapal.com

URL：http://www.murapal.com/

ブックデザイン・DTP：荒瀬光治（あむ）

印刷・製本：平河工業社　　Printed in Japan

ISBN：978-4-902251-63-0